LA LÉGENDE DE
SARILA

Catalogage avant publication de Bibliothèque et Archives nationales du Québec et Bibliothèque et Archives Canada

Tremblay, Pierre, 1941 22 juin-
 La légende de Sarila
 Pour enfants de 5 ans et plus.
 ISBN 978-2-89579-499-8

1. Légende de Sarila (Film cinématographique) - Ouvrages pour la jeunesse. I. Harvey, Roger, 1940- . II. Titre.

PN1997.2.L43T73 2013   j791.43'72   C2012-942447-1

Dépôt légal – Bibliothèque et Archives nationales du Québec, 2013
Bibliothèque et Archives Canada, 2013

Inspiré du long métrage « La légende de Sarila » produit par 7137443 Canada inc. et 9129-4181 Québec inc.
Distribué au Canada par Alliance Vivafilm.

Direction éditoriale : Yvon Métras
Texte de Nicholas Aumais, d'après le scénario original de Pierre Tremblay et de Roger Harvey
Extrait de la chanson thème du film (p. 18-19) : Paroles de Elisapie Isaac
Illustrations de la couverture et des pages intérieures : Fil (Philippe Arseneau Bussières)
Révision : Sophie Sainte-Marie
Mise en pages et couverture : Mardigrafe inc.

Nous reconnaissons l'aide financière du gouvernement du Canada par l'entremise du Fonds du livre du Canada (FLC) pour des activités de développement de notre entreprise.

 Conseil des Arts   Canada Council
du Canada   for the Arts

Bayard Canada Livres inc. remercie le Conseil des Arts du Canada du soutien accordé à son programme d'édition dans le cadre du Programme des subventions globales aux éditeurs.

Cet ouvrage a été publié avec le soutien de la SODEC. Gouvernement du Québec – Programme de crédit d'impôt pour l'édition de livres – Gestion SODEC.

CarpeDiem Film & TV inc.
420, rue Beaubien Ouest
Bureau 204
Montréal (Québec) Canada
H2V 4S6
Téléphone : 514 270-2522
carpediemfilmtv.com

Productions 10ᵉ Ave inc.
209, rue Jean-Juneau
St-Augustin-de-Desmaures (Québec) Canada
G3A 2W1
Téléphone : 418 877-0101
10ave.com

Bayard Canada Livres
4475, rue Frontenac
Montréal (Québec) Canada
H2H 2S2
Téléphone : 514 844-2111 ou
1 866 844-2111
bayardlivres.ca

lalegendedesarila.com

Imprimé au Canada

Dans le Grand Nord canadien, les habitants d'un village inuit vivent un drame. Tous les animaux ont disparu! Depuis plus de trois lunes, les chasseurs du clan reviennent bredouilles. Nul ne sait où sont passés caribous, phoques, lièvres et poissons. L'hiver arrive, les estomacs grondent, et la panique se fait sentir...

Sur la rive se tient
le chamane Croolik. Son horrible
corbeau Kouatak sur l'épaule,
il se lance dans une terrible
incantation:

— Toongaaluk! Toongaaluk!
Esprit du Mal, montre-toi!

— Sedna! Toi? Ah non!

— Tu oses appeler Toongaaluk? Depuis la nuit des temps,
je vous ai protégés, toi et ton clan. Et maintenant,
tu as décidé de me trahir en invoquant l'Esprit du Mal?
Par tes mots, Croolik, tu viens de condamner tout ton clan.
Les animaux ne retourneront plus dans votre village.

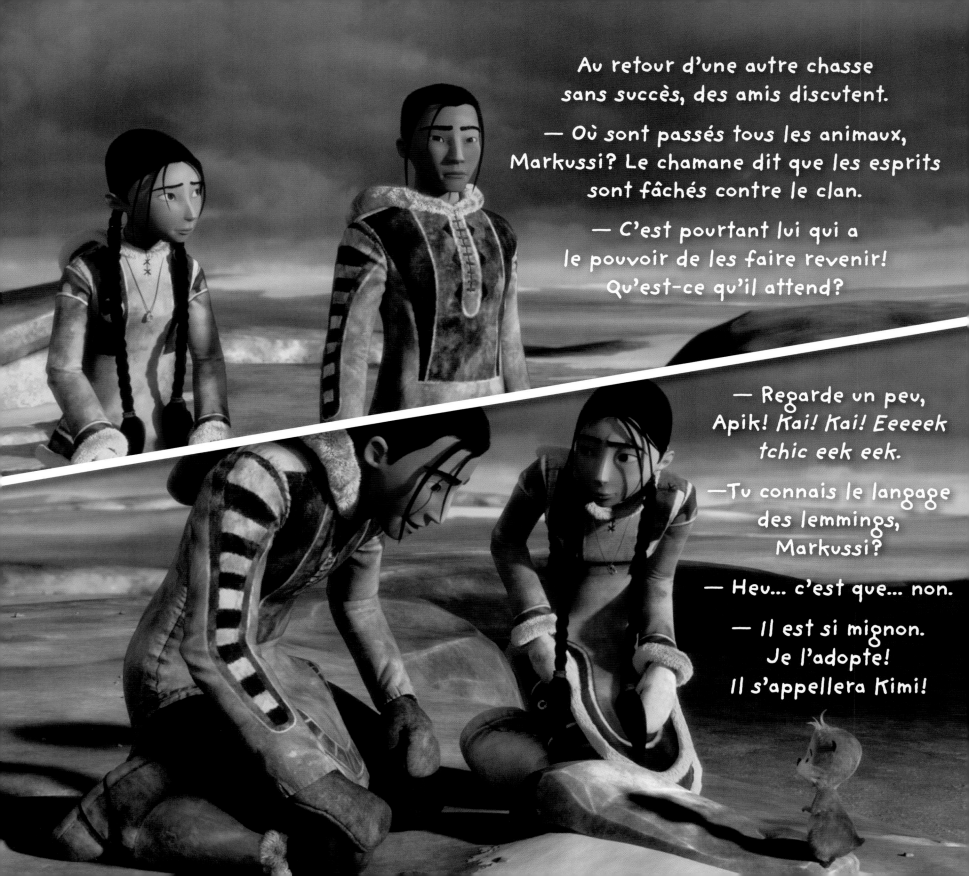

Markussi,
Apik et Kimi,
rejoints par Poutoulik,
retournent au village.
Là, des plaintes se
font entendre...

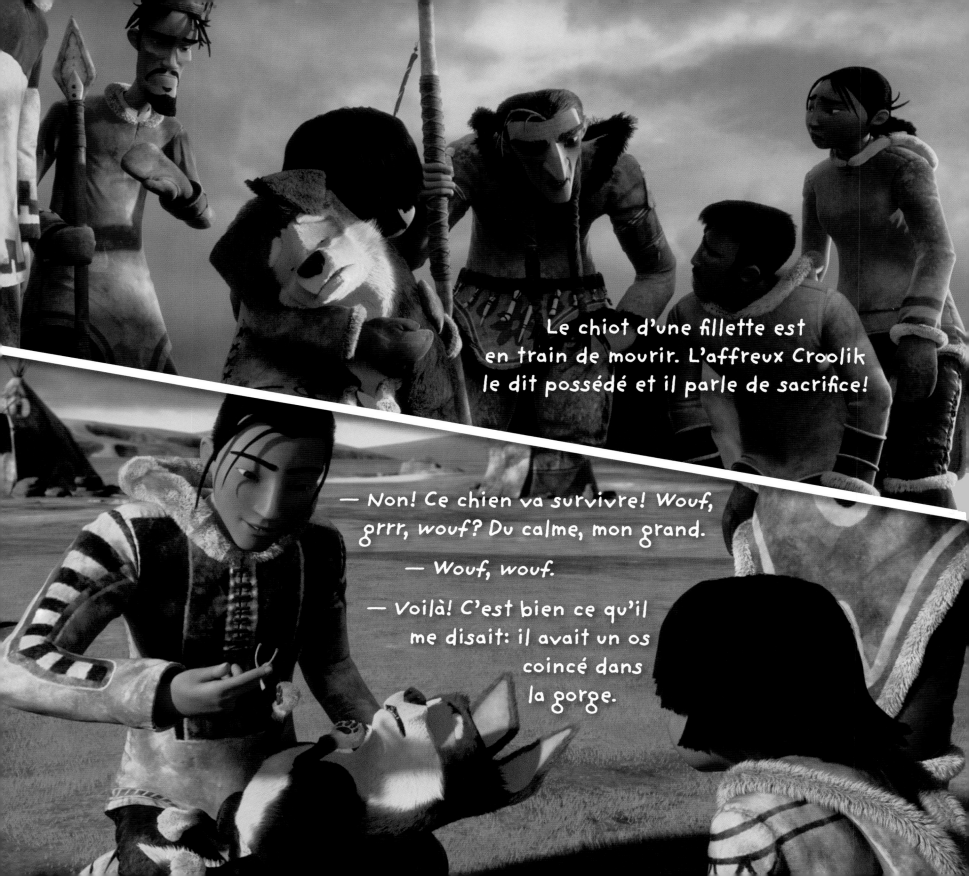

Le chiot d'une fillette est en train de mourir. L'affreux Croolik le dit possédé et il parle de sacrifice!

— Non! Ce chien va survivre! Wouf, grrr, wouf? Du calme, mon grand.

— Wouf, wouf.

— Voilà! C'est bien ce qu'il me disait: il avait un os coincé dans la gorge.

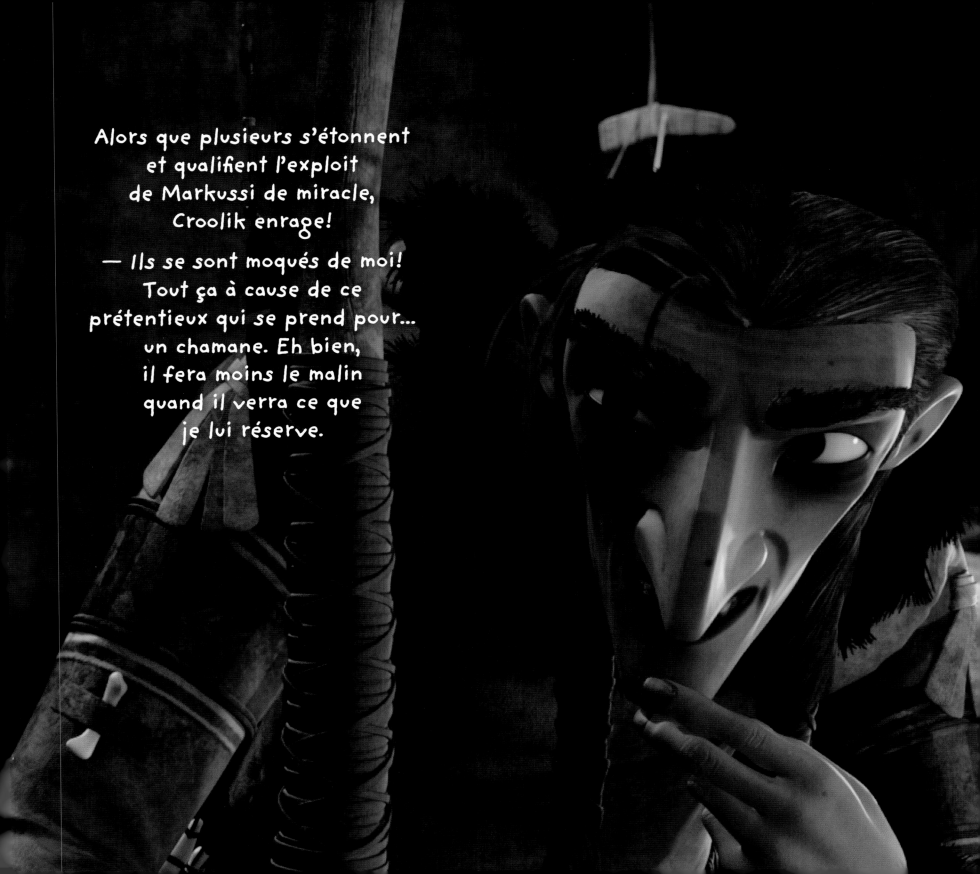

Alors que plusieurs s'étonnent
et qualifient l'exploit
de Markussi de miracle,
Croolik enrage!

— Ils se sont moqués de moi!
Tout ça à cause de ce
prétentieux qui se prend pour...
un chamane. Eh bien,
il fera moins le malin
quand il verra ce que
je lui réserve.

Soir après soir, les villageois rentrent dans leurs igloos, le ventre vide.
Tous se demandent quand reviendront les animaux,
leur principale source de nourriture.

Certains se rappellent que les anciens parlaient de Sarila. C'est une terre
merveilleuse, située au nord, entre les glaciers. Les plantes et le gibier s'y trouvent
en abondance. Mais seuls les cœurs purs peuvent y accéder. Les anciens affirmaient
aussi que la route pour se rendre à Sarila est longue et périlleuse...

Ce lieu légendaire
existe-t-il vraiment? Et si oui,
l'unique solution ne serait-elle pas
d'envoyer quelques braves à Sarila?

Alors que plusieurs membres
du clan rêvent de somptueux festins
comme il y en avait autrefois,
d'autres se disent que le temps
est venu d'aller à Sarila.

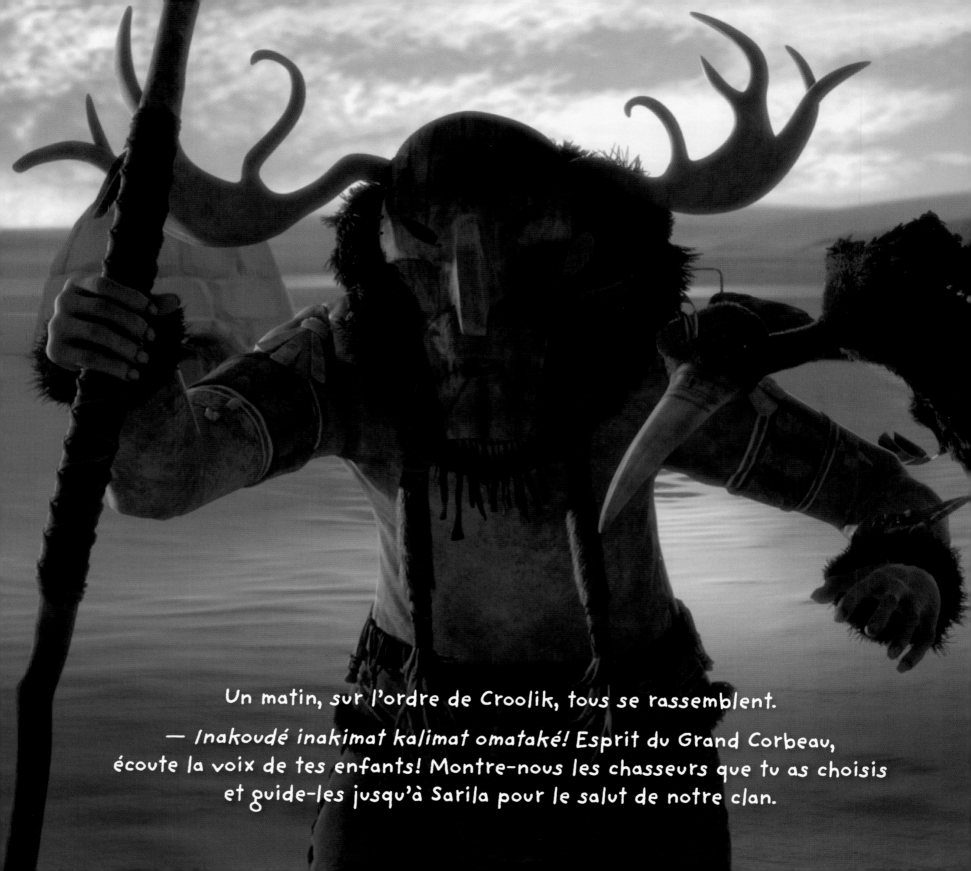

Un matin, sur l'ordre de Croolik, tous se rassemblent.

— *Inakoudé inakimat kalimat omataké!* Esprit du Grand Corbeau,
écoute la voix de tes enfants! Montre-nous les chasseurs que tu as choisis
et guide-les jusqu'à Sarila pour le salut de notre clan.

Aussitôt, Kouatak s'élance et survole
toutes les têtes. Puis l'oiseau pique du bec.
Il arrête son choix sur Poutoulik... mais aussi sur Apik
et Markussi! Trois chasseurs partiront donc à Sarila.
Quelle chance! Si c'en est une...

La nuit avant
le départ, Markussi
s'entretient avec Saya,
la sage-femme du
village.
— Markussi,
tu as des pouvoirs.
Un jour, tu deviendras
un grand chamane.
Va à Sarila...
Le clan a
besoin de toi.

De son côté, Croolik prépare sa vengeance.

— Toongaaluk! Toongaaluk, donne à ce médaillon la force du feu et des ténèbres. Par mon propre sang, que ce médaillon devienne mon bras vengeur! Que celui qui le portera soit sous mon emprise!

— Poutoulik, fils de notre grand chef, mets ce médaillon à ton cou. Il te protégera du mauvais sort.

Tout a été prévu pour l'expédition vers la contrée mythique.
Une fois les chiens attelés aux traîneaux, les trois élus sont prêts à partir.
Puis Poutoulik fait claquer son fouet. C'est le signal du départ!
Les bêtes s'élancent en courant, formant de grands nuages de neige.

— À nous Sarila! disent les trois chasseurs.

S'en aller, s'envoler si loin d'ici
S'en aller, s'envoler vers ce pays

Pour trouver Sarila
Naniimmat Sarila

S'en aller, s'envoler si loin d'ici
S'en aller, s'envoler vers l'infini

Pour trouver Sarila
Naniimmat Sarila

Devant une baie gelée, Poutoulik hésite.
Il connaît bien les dangers d'une longue traversée sur la glace.

— Sois prudente Apik, dit-il sur un ton inquiet.

CRAC! La glace se brise.
Le traîneau coulera dans
un moment, et Apik y est assise!
À la dernière seconde,
elle réussit à libérer les chiens
qui courent vers un lieu sûr.

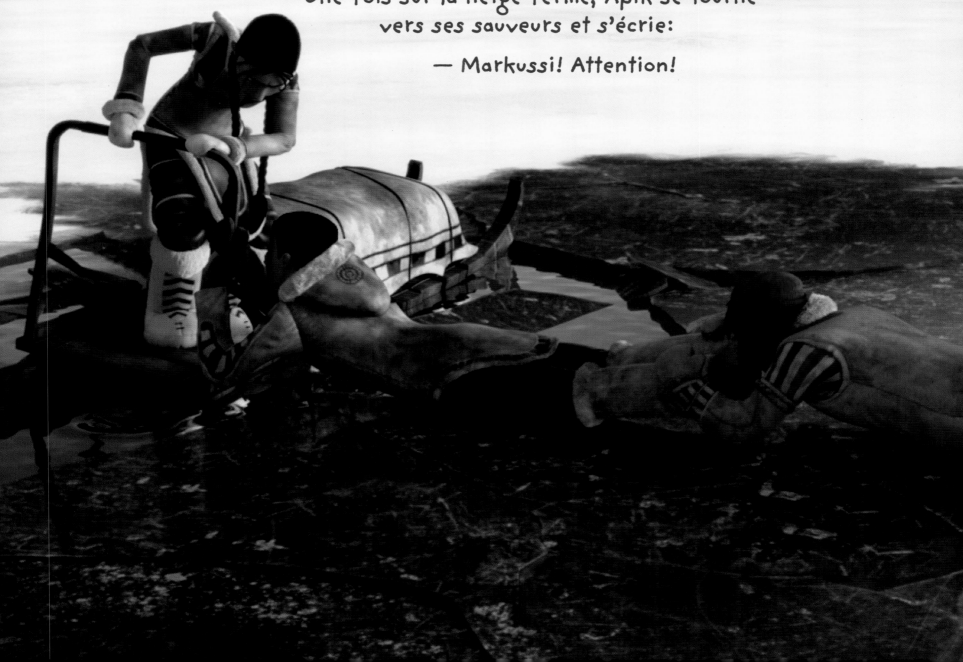

Ses compagnons accourent pour la sortir de l'eau glaciale.

— Vas-y, Apik! dit Markussi. Grimpe sur mon dos! Vite!

Une fois sur la neige ferme, Apik se tourne
vers ses sauveurs et s'écrie:

— Markussi! Attention!

Impuissants,
Apik et Poutoulik
voient Markussi sombrer
dans l'eau noire et froide...

À son grand étonnement,
Markussi aperçoit une fabuleuse
sirène sortir d'une grotte sous la mer.
C'est la déesse Sedna!
Elle s'approche du jeune homme
et elle pose tendrement une main
sur son visage.

— N'aie pas peur!
Tu es celui que j'attendais.

— Je dois me rendre
à Sarila.

— C'est un voyage
périlleux, dit Sedna.
Très peu en reviennent.
Mais tu as un cœur de
chamane, Markussi.

Encore sous le choc
de cette rencontre,
Markussi sent subitement
son corps remonter
vers la surface.

— On est là, Markussi! Poutoulik t'a sorti de l'eau et il t'a sauvé la vie.

Une fois remis en route, les aventuriers aperçoivent des traces dans la neige. D'immenses traces! Elles ne peuvent être que celles d'un ours. Un animal aussi grand pourrait nourrir le clan tout l'hiver.

— Séparons-nous. Il faut abattre cette bête! Poutoulik, prends à gauche. Apik et moi irons à droite.

Horreur!
Voulant s'approcher
de deux adorables oursons
blancs, Apik tombe à la
renverse devant une ourse
enragée et protectrice
de ses petits.

Heureusement
pour Apik,
Markussi
n'est pas loin.

— Grrr... grrr... grrr!
Les grognements de Markussi réussissent
à faire fuir l'ourse... exactement comme si
elle comprenait ses menaces.

Une fois remise de ses émotions,
Apik réfléchit à la manière dont Markussi l'a sauvée.

— Tu parles à mon lemming. Tu guéris les chiens.
Tu éloignes les ours. Comment fais-tu cela?

— Je n'en ai aucune idée, Apik. Les esprits me guident, c'est tout.
Suis-moi. Le soleil se couche. Il faut retrouver Poutoulik et nous abriter.

Mais le sinistre Croolik
a un plan. Les adolescents
n'oublieront pas cette
nuit de sitôt.

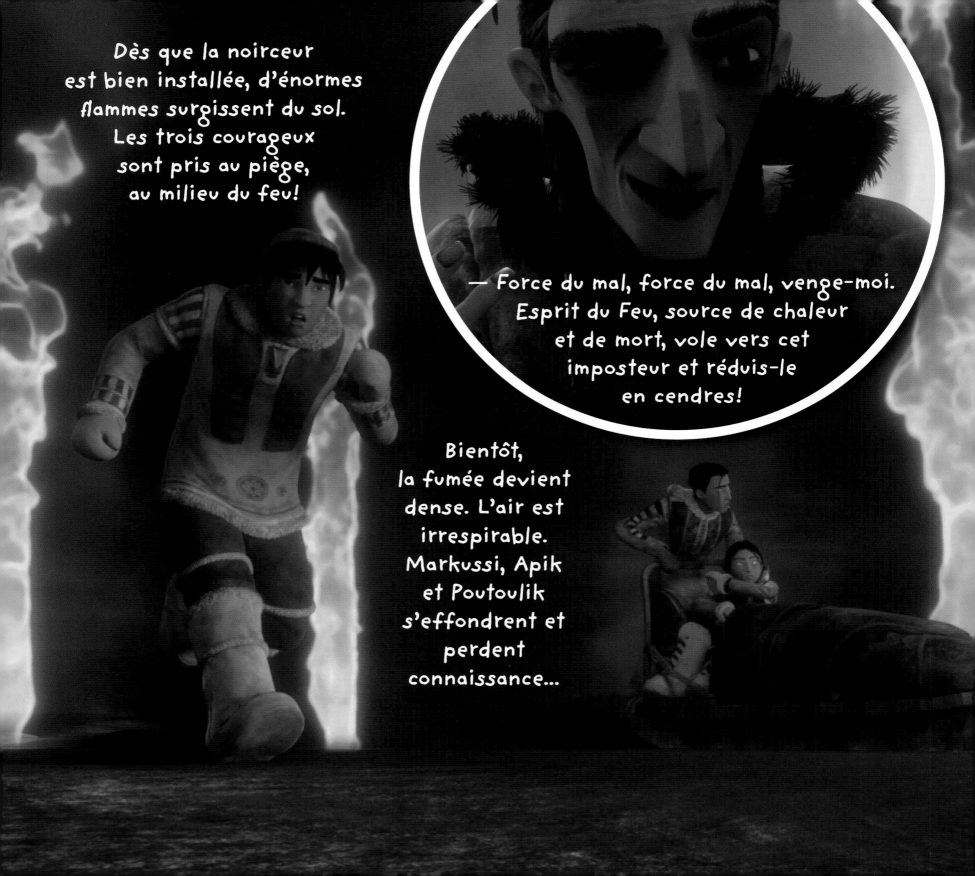

Dès que la noirceur
est bien installée, d'énormes
flammes surgissent du sol.
Les trois courageux
sont pris au piège,
au milieu du feu!

— Force du mal, force du mal, venge-moi.
Esprit du Feu, source de chaleur
et de mort, vole vers cet
imposteur et réduis-le
en cendres!

Bientôt,
la fumée devient
dense. L'air est
irrespirable.
Markussi, Apik
et Poutoulik
s'effondrent et
perdent
connaissance...

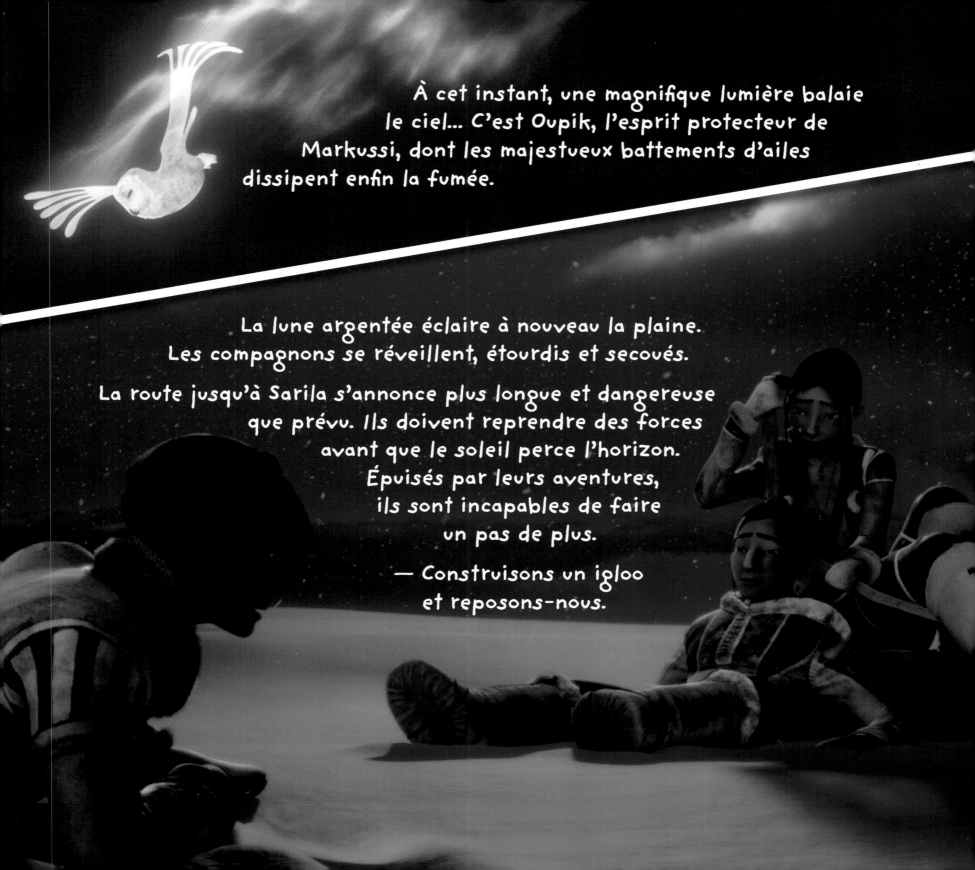

À cet instant, une magnifique lumière balaie
le ciel... C'est Oupik, l'esprit protecteur de
Markussi, dont les majestueux battements d'ailes
dissipent enfin la fumée.

La lune argentée éclaire à nouveau la plaine.
Les compagnons se réveillent, étourdis et secoués.

La route jusqu'à Sarila s'annonce plus longue et dangereuse
que prévu. Ils doivent reprendre des forces
avant que le soleil perce l'horizon.
Épuisés par leurs aventures,
ils sont incapables de faire
un pas de plus.

— Construisons un igloo
et reposons-nous.

Alors que
les autres sont
endormis, Markussi
reçoit la visite d'Oupik.
Il vole doucement
au milieu de l'igloo.
Il fixe son protégé
de son regard
perçant.

— Tu peux utiliser
tes pouvoirs à des fins égoïstes
ou pour le bien de ton clan.
Réfléchis à tes choix, Markussi.

L'adolescent, troublé,
se demande bien ce que cette
mission lui réserve encore.
Il s'endort sur
ces pensées.

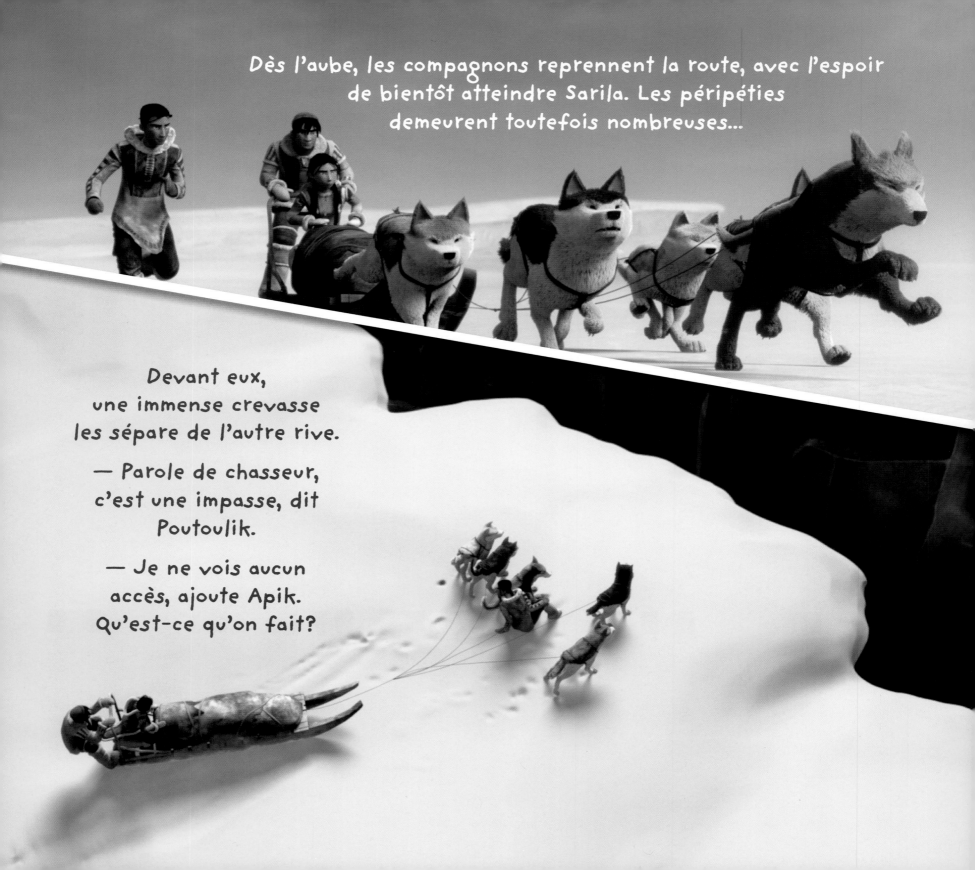

Dès l'aube, les compagnons reprennent la route, avec l'espoir de bientôt atteindre Sarila. Les péripéties demeurent toutefois nombreuses...

Devant eux, une immense crevasse les sépare de l'autre rive.

— Parole de chasseur, c'est une impasse, dit Poutoulik.

— Je ne vois aucun accès, ajoute Apik. Qu'est-ce qu'on fait?

De toutes ses forces, Poutoulik lance son harpon muni d'une corde
au-dessus de la crevasse. L'arme s'enfonce profondément
dans la glace, de l'autre côté. Apik, Markussi et Poutoulik
réussissent à faire traverser les chiens sur la corde.

Ensuite, grâce à leur grand courage,
les trois amis franchissent la crevasse.

— J'espère que Sarila en vaut la peine,
dit Poutoulik.

Poursuivant leur route, ils doivent à nouveau s'arrêter.
Un énorme mur de glace leur bloque le chemin.

— D'abord une crevasse, maintenant un mur!

Markussi s'approche afin de l'examiner
et de voir s'il y a une fissure.

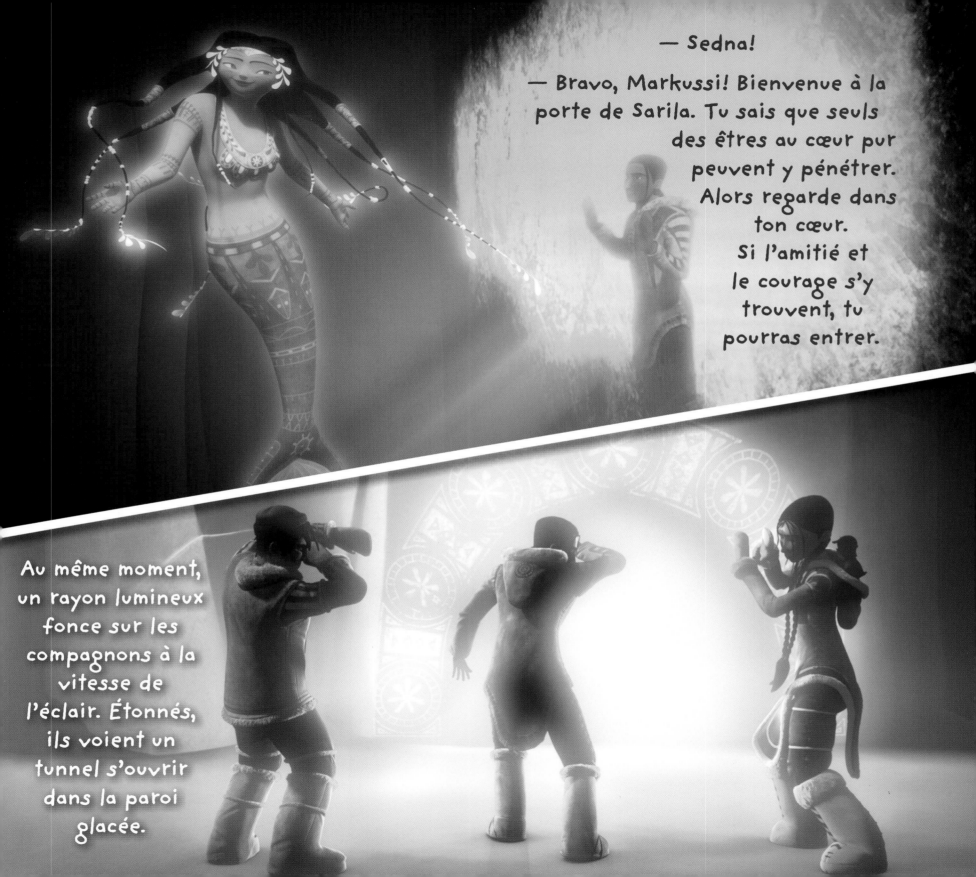

— Sedna!

— Bravo, Markussi! Bienvenue à la porte de Sarila. Tu sais que seuls des êtres au cœur pur peuvent y pénétrer. Alors regarde dans ton cœur. Si l'amitié et le courage s'y trouvent, tu pourras entrer.

Au même moment, un rayon lumineux fonce sur les compagnons à la vitesse de l'éclair. Étonnés, ils voient un tunnel s'ouvrir dans la paroi glacée.

Markussi, Poutoulik et Apik s'assoient dans le traîneau. C'est parti!

— Waouuu!

Poutoulik déborde d'excitation.

— Allez, plus vite!
Plus vite!

Les chiens jappent de contentement et Kimi s'accroche de son mieux au capuchon d'Apik.

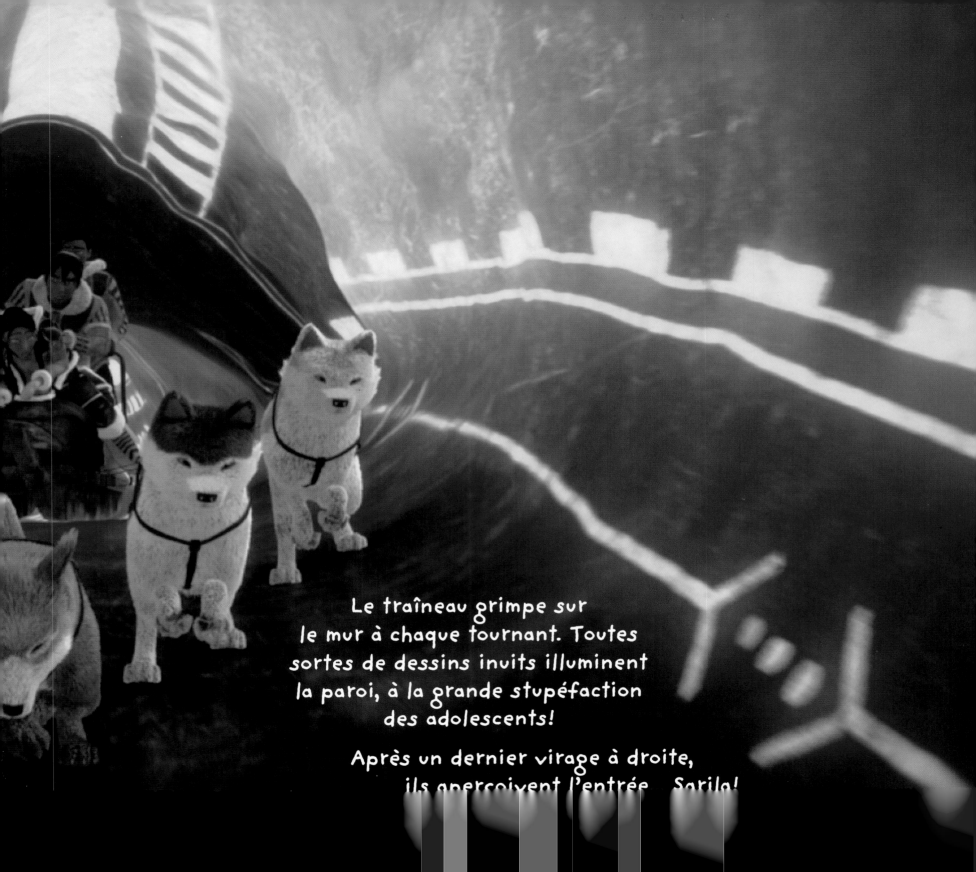

Le traîneau grimpe sur
le mur à chaque tournant. Toutes
sortes de dessins inuits illuminent
la paroi, à la grande stupéfaction
des adolescents!

Après un dernier virage à droite,
ils aperçoivent l'entrée Sarila!

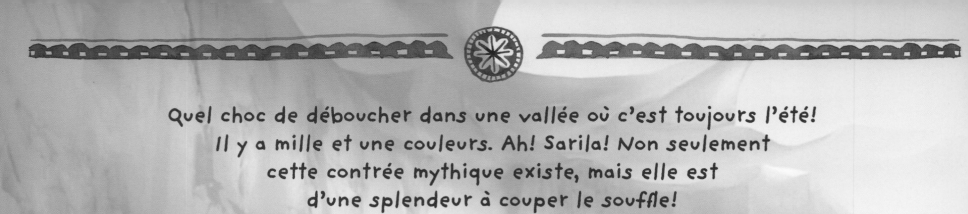

Quel choc de déboucher dans une vallée où c'est toujours l'été!
Il y a mille et une couleurs. Ah! Sarila! Non seulement
cette contrée mythique existe, mais elle est
d'une splendeur à couper le souffle!

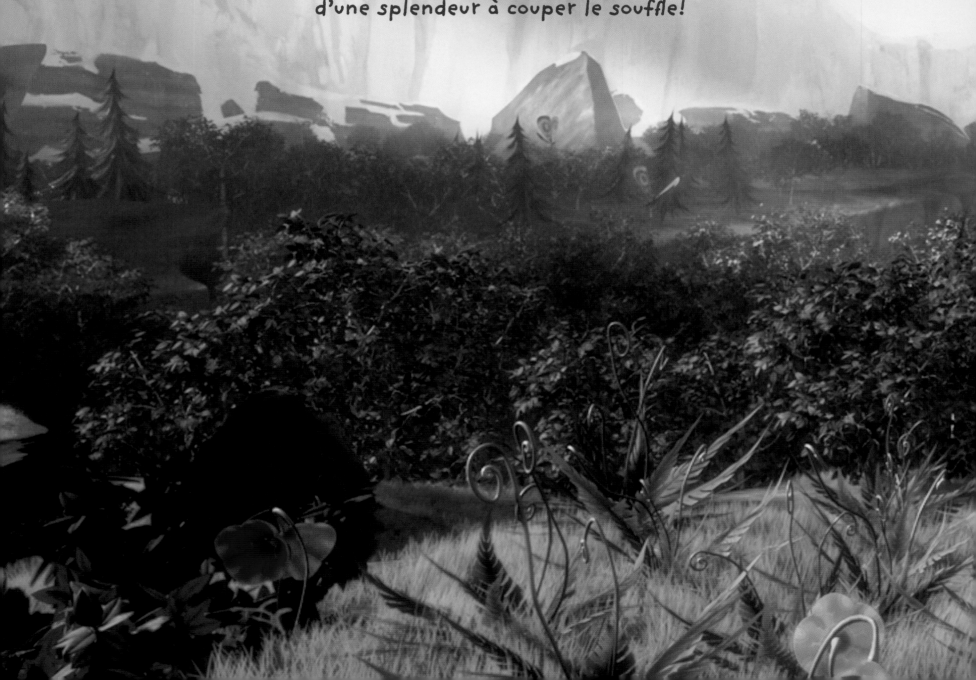

— Il y a sûrement du gibier.

— Je vois des baies!

— Et des choux... Le clan mangera enfin à sa faim.

Conscients que le temps est compté, les compagnons se séparent afin d'amasser la nourriture nécessaire à la survie du clan.

Après avoir cueilli quelques baies,
Apik s'arrête devant une chute limpide.

— C'est encore plus beau que
je l'imaginais!

Markussi contemple un étang
pur et miroitant, remerciant en silence
la déesse Sedna.

De son côté, Poutoulik ramasse
les bêtes abattues qui nourriront
le clan tout l'hiver.

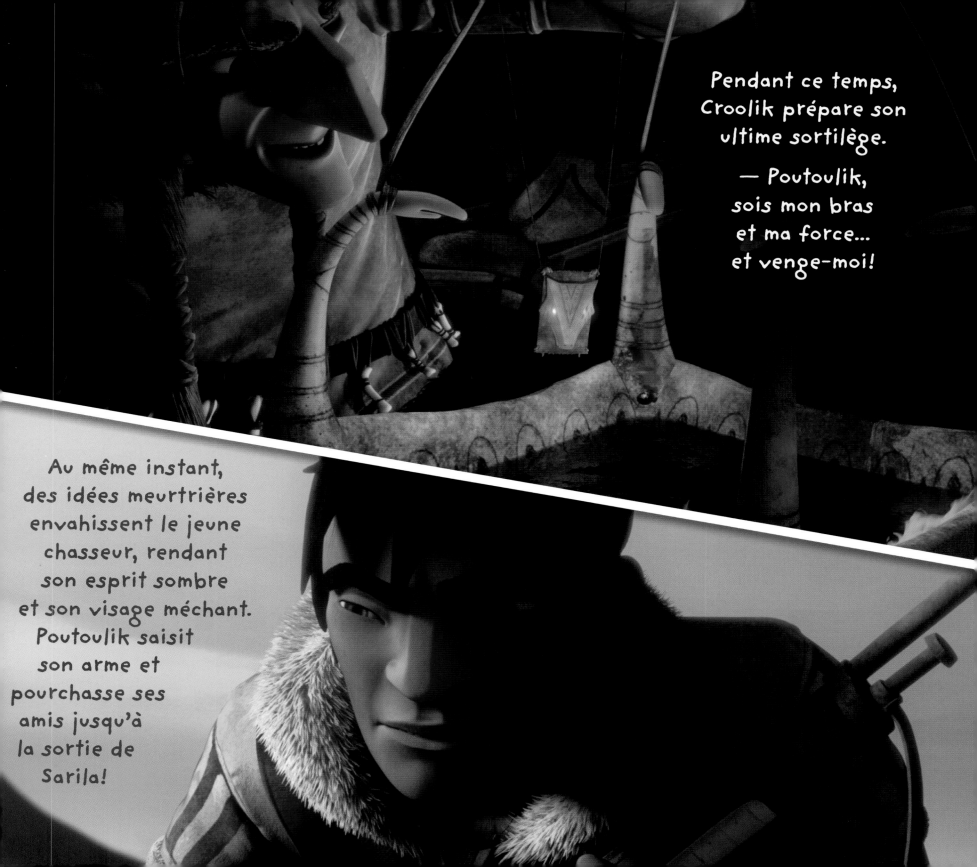

Pendant ce temps, Croolik prépare son ultime sortilège.

— Poutoulik, sois mon bras et ma force... et venge-moi!

Au même instant, des idées meurtrières envahissent le jeune chasseur, rendant son esprit sombre et son visage méchant. Poutoulik saisit son arme et pourchasse ses amis jusqu'à la sortie de Sarila!

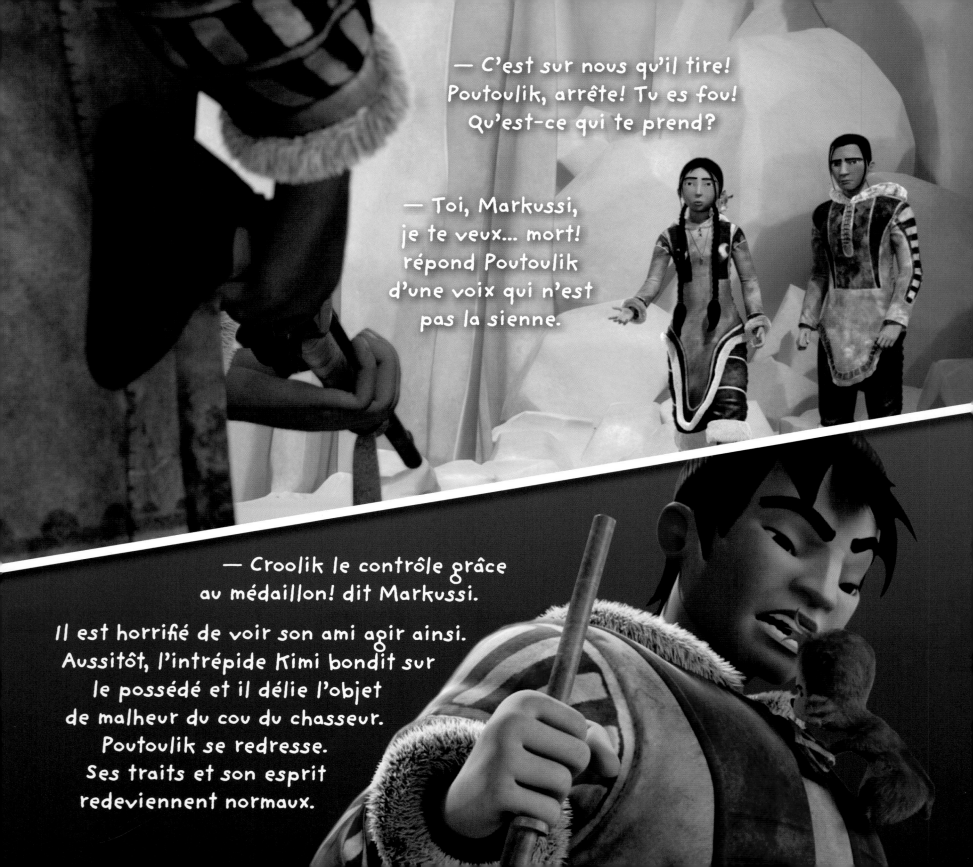

— C'est sur nous qu'il tire!
Poutoulik, arrête! Tu es fou!
Qu'est-ce qui te prend?

— Toi, Markussi,
je te veux... mort!
répond Poutoulik
d'une voix qui n'est
pas la sienne.

— Croolik le contrôle grâce
au médaillon! dit Markussi.

Il est horrifié de voir son ami agir ainsi.
Aussitôt, l'intrépide Kimi bondit sur
le possédé et il délie l'objet
de malheur du cou du chasseur.
Poutoulik se redresse.
Ses traits et son esprit
redeviennent normaux.

— Apik et Markussi, vous êtes les meilleurs amis que je peux avoir. Toi aussi, Kimi!

— Allez! dit Apik. Il est grand temps de rentrer. Le clan doit nous attendre.

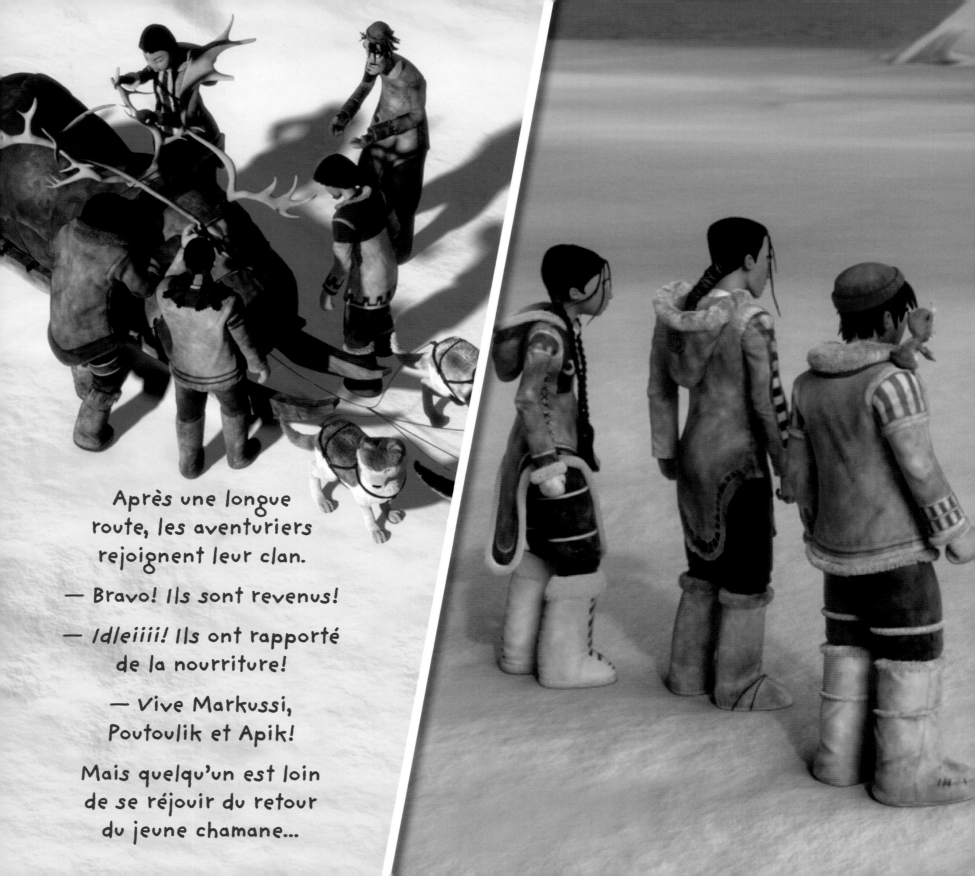

Après une longue route, les aventuriers rejoignent leur clan.

— Bravo! Ils sont revenus!

— *Idleiiii!* Ils ont rapporté de la nourriture!

— Vive Markussi, Poutoulik et Apik!

Mais quelqu'un est loin de se réjouir du retour du jeune chamane...

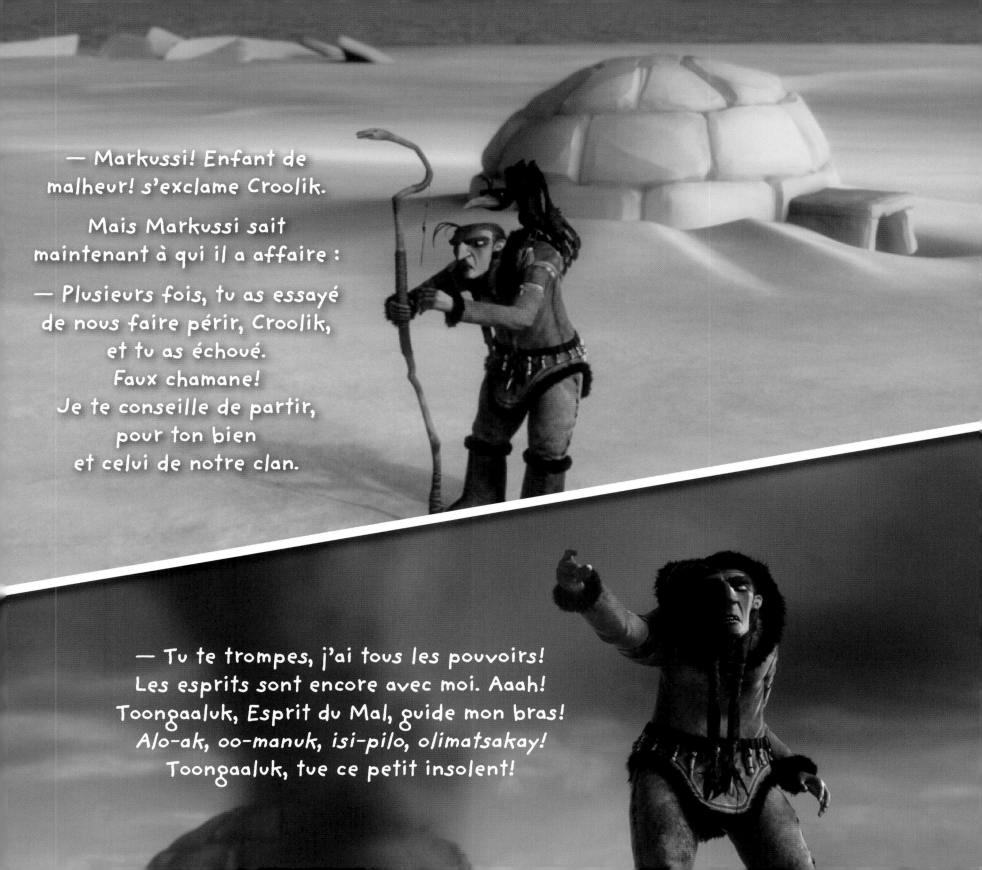

— Markussi! Enfant de malheur! s'exclame Croolik.

Mais Markussi sait maintenant à qui il a affaire :

— Plusieurs fois, tu as essayé de nous faire périr, Croolik, et tu as échoué. Faux chamane! Je te conseille de partir, pour ton bien et celui de notre clan.

— Tu te trompes, j'ai tous les pouvoirs! Les esprits sont encore avec moi. Aaah! Toongaaluk, Esprit du Mal, guide mon bras! Alo-ak, oo-manuk, isi-pilo, olimatsakay! Toongaaluk, tue ce petit insolent!

Aussitôt, un immense
tourbillon se forme!
Le cyclone emporte Markussi
et Croolik. Ce dernier laisse
échapper un rire démoniaque.

— La tornade va tuer Markussi!
crie Apik.

Au cœur du tourbillon
de lumière et de ténèbres,
un grand combat s'engage entre
les deux chamanes.

Après un rugissement terrifiant,
un silence angoissant s'installe.
Mais le ciel s'éclaircit,
et Markussi apparaît
devant le clan, indemne.

Croolik est étendu un peu plus loin, le corps brisé par la bataille.
Devant le clan réuni autour de lui, le vieux chamane pousse un dernier soupir.
Ses paupières se ferment à tout jamais.

Markussi s'approche de lui, avec un peu de neige fondue dans la main.

— Puisse la douceur de l'eau t'inspirer dans l'au-delà.

Plus tard, autour d'un festin depuis longtemps attendu et surtout mérité, Markussi et ses amis racontent l'aventure palpitante qu'ils ont vécue jusqu'à Sarila.

— Avez-vous eu peur? Et à Sarila, que s'est-il passé? interrogent les membres du clan.

Mais l'aventure tire-t-elle vraiment à sa fin? N'a-t-on pas vu Kouatak, talisman au bec, volant dans le ciel sombre, à la recherche de quelque chose... ou de quelqu'un?